LES
USAGES RURAUX

DU

CANTON DU LUDE

PAR

Gustave JOUSSE

———◈———

EN VENTE : au Lude, chez M. Bizeray, libraire ; au Mans et à La Flèche, chez tous les Libraires, et dans tous les Bureaux de Tabac du canton du Lude.

———◈———

ANGERS

IMPRIMERIE-LIBRAIRIE GERMAIN ET G. GRASSIN

RUE SAINT-LAUD

—

1886

LES
USAGES RURAUX

DU

CANTON DU LUDE

PAR

GUSTAVE JOUSSE

———————

EN VENTE : au Lude, chez M. Bizeray, libraire ; au
Mans et à La Flèche, chez tous les Libraires, et
dans tous les Bureaux de Tabac du canton du Lude.

———————

ANGERS

IMPRIMERIE-LIBRAIRIE GERMAIN ET G. GRASSIN

RUE SAINT-LAUD

—

1886

PRÉFACE

L'article 1159 du Code civil dit : « Ce qui est *ambigu* s'interprète par ce qui est *d'usage* dans le pays où le contrat est passé. » Et l'article 1160 : « On doit suppléer dans le contrat les clauses qui y sont d'usage, quoiqu'elles n'y soient pas exprimées. »

Or, il existe dans chaque canton, dans chaque commune même, des usages dits locaux qui servent de base, depuis un temps immémorial, à tous les contrats passés entre particuliers.

Mais, il y a peu de temps encore, ces usages n'étaient pas parfaitement définis. Aussi M. le Ministre de l'Intérieur invita-t-il, par une circulaire en date du 26 juillet 1844, MM. les Préfets à consulter les Conseils généraux sur l'opportunité de faire constater et recueillir, dans l'intérêt des services administratifs et des tribunaux, les usages locaux auxquels se réfèrent diverses dispositions législatives.

Le Conseil général de la Sarthe, dans sa session de 1844, se borna à émettre le vœu de la formation d'une commission pour constater les usages ; le projet n'eut pas d'autre suite.

Cependant, par une nouvelle circulaire en date du 5 juillet 1850, M. le Ministre de l'Intérieur ayant invité MM. les Préfets à adresser un exemplaire des usages recueillis et constatés dans leur département, le Conseil général, sur la proposition d'un rapporteur de l'agriculture, s'empressa de prier M. le Préfet de la Sarthe de vouloir bien nommer dans chaque canton une commission qui serait composée du Juge de paix, président, du maire de chaque commune et de cultivateurs choisis parmi les plus capables et les plus âgés.

Pour donner au travail qui allait être fait un caractère d'ensemble et d'uniformité, M. le Préfet envoya, à l'avance, aux maires du canton, une série de questions, au nombre desquelles figuraient les suivantes, d'une importance capitale :

1° Quelles sont les obligations du fermier sortant au 1er novembre ?

2° Les obligations du fermier sortant au 1er mai ?

3° Les droits du fermier sortant, soit au 1er mai, soit au 1er novembre ?

4° Les délais pour donner utilement congé en ce qui regarde les maisons d'habitation ?

5° Le mode d'assolement ?

6° Le nombre de journaux qu'il est loisible au fermier d'ensemencer au printemps ?

7° Comment ensemence-t-on les retours ? Peut-on les fumer ?

Les usages relatifs à la vaine pâture et au parcours, au curage des cours d'eau, aux clôtures, aux distances à observer pour les plantations d'arbres et, enfin, tous les autres usages auxquels la législation donne force de loi en beaucoup de circonstances.

La Commission (1) nommée dans le canton du Lude se réunit à la Justice de paix le 21 avril 1851, sous la présidence de M. Leroy, Juge de paix du canton.

Elle répondit à toutes les questions citées plus haut et dressa un procès-verbal de la séance. Nous avons consulté ce document aux archives de la Justice de paix du Lude et, grâce à l'amabilité de M. le Juge de paix, nous avons pu prendre des notes pour nous guider dans notre travail.

Mais nous avons été frappé des changements survenus dans les usages, surtout en ce qui concerne les assolements. Cependant il nous a paru impossible de faire aucune modification. Nous avons donc accepté les usages tels qu'ils ont été déterminés par la Commission officielle.

Suivant la méthode adoptée par MM. Robert et Gasté, avocats à la Cour d'appel d'Angers, et auteurs d'un *Dictionnaire des usages ruraux et urbains* (2) pour les départements de la

---

(1) Nous aurions voulu donner les noms des membres composant la Commission, mais nous n'avons pu trouver aucun renseignement sur ce sujet à la Justice de paix du canton du Lude.

(2) Cet ouvrage est complètement épuisé.

Sarthe, de la Mayenne et de Maine-et-Loire, nous avons classé nos *usages* par ordre alphabétique et sous la forme d'un dictionnaire. Cela évitera des recherches.

Nous tenons à remercier ici MM. Robert et Gasté, qui ont bien voulu nous autoriser à puiser dans leur excellent livre des renseignements que nous n'avons pas trouvés dans le procès-verbal de la Commission officielle et que ces deux auteurs s'étaient procurés après une tâche longue et ingrate.

Notre travail n'est donc, pour ainsi dire, qu'une répétition de leur publication dont l'édition a été trop tôt épuisée et qui, malheureusement, n'était pas à la portée de toutes les bourses.

Nous espérons que notre modeste ouvrage sera bientôt entre les mains de tous les intéressés du canton du Lude. Puisse-t-il rendre des services aux cultivateurs et éviter les différends qui s'élèvent entre voisins ne connaissant pas leurs droits réciproques !

Ce 17 octobre 1886.

GUSTAVE JOUSSE.

LES

USAGES RURAUX

DU

CANTON DU LUDE

A

Abattage d'arbres. — Le propriétaire a le droit
d'abattre tous les arbres à haute tige, propres à la
construction, sans autre indemnité pour le fermier
ou colon que la réparation, due en tout cas, des
dommages occasionnés aux clôtures et aux récoltes
par la chute des arbres.

Cependant, dans le canton du Lude, le propriétaire ne peut abattre ses arbres à haute tige avant
leur dépérissement, à moins qu'il indemnise le fermier ou colon de la perte des fruits ou des émondes
dont il se trouve privé.

Abeilles. — « Le propriétaire d'un essaim a le
« droit de le réclamer et de s'en ressaisir tant
« qu'il n'a pas cessé de le poursuivre ; autrement

« l'essaim appartient au propriétaire du terrain
« sur lequel il est fixé. » (Loi du 28 septembre et
6 octobre 1791, art. 5.)

Dans la colonie partiaire, les abeilles sont pré-
sumées communes.

Le rucher doit être à 2 mètres de celui du voisin.

En cas de bail d'abeilles, la ruche-mère reste
au bailleur, et les essaims se partagent.

Ajoncs. — La coupe se fait à l'âge de 3 ans, au
cours de l'hiver.

Arbres (à basses tiges). — Les arbres à basses
tiges sont le coudrier, le sureau, le lilas, le genêt,
le laurier et tous les arbustes de décoration ; les
fruitiers en espaliers, pyramides, quenouilles et
buissons ; les vignes, les bois taillis (sauf les baliveaux), les souches et les sapins jusqu'à l'âge de
6 ans.

La plantation des arbres à basses tiges est per-
mise à moins de 50 centimètres si les héritages
sont séparés par un mur mitoyen ou appartenant à
celui qui plante.

Tout propriétaire ou co-propriétaire d'un mur
peut planter des cordons de vigne, des arbres en
espaliers ou en éventails, des fruitiers nains et
autres arbres à basses tiges, sans observer d'autres
distances que l'épaisseur du mur.

Ces principes ne sont pas admis si la clôture
séparant les deux héritages est un palis ; la distance légale est exigible.

Si le mur n'est pas mitoyen, on peut planter des
espaliers en deçà de la distance légale, pourvu
qu'ils soient attachés à des poteaux ou treillages
non fixés au mur, avec responsabilité du dommage.

Arbres (à hautes tiges). — Les arbres à hautes tiges sont tous ceux qui ne sont pas compris dans l'énumération précédente.

Leur plantation se fait à 2 mètres. Cette distance, exigible seulement au moment de la plantation, se mesure à partir du cœur de l'arbre.

S'il s'agit de plantations d'arbres à hautes tiges le long de ruisseaux ayant moins de 2 mètres de largeur, aucune distance n'est exigée.

Arbres fruitiers. — Le fermier doit protéger avec des pieux et des épines les arbres qu'il a plantés.

Le gui et les autres plantes parasites doivent être détruites au cours de l'automne et de l'hiver.

Les fermiers et colons sont tenus, sans stipulation, de greffer les fruitiers plantés par eux ou par le propriétaire.

Cette greffe doit se faire quand les sauvageons (aigrasseaux ou transplantés) ont atteint 5 centimètres de diamètre.

Les plantations sont complètement interdites au fermier.

Assolement. — Il est quadriennal (1).

---

(1) Nous n'insisterons pas sur l'assolement. A notre avis, les assolements relevés par les commissions cantonales ne doivent plus faire loi. Les progrès de l'agriculture se sont fort étendus et on doit laisser une large place aux sages innovations qu'on ne saurait trop encourager. Nous ne citons donc ici l'assolement quadriennal que pour la forme et sans y attacher une importance capitale.

B

Bail de brebis. — Quand le bail est d'un an, les agneaux et la laine se partagent ; s'il est de trois ans, tout devient commun.

Bail verbal. — Pour une maison ou portion de maison, le bail verbal est censé fait pour un an, il se renouvelle de plein droit par la tacite reconduction.

Pour une maison meublée il se fait au mois.

Pour les bordages, closeries el fermes, le bail verbal est d'autant d'années qu'il y a de soles ou de cotaisons.

Pour les prés et vignes, il est d'un an.

Le bail verbal des courtils et terres volantes est de 2 ans.

Balles. — Les balles d'avoine sont au sortant, les autres restent à l'entrant au 1er novembre.

Les balles doivent se consommer sur place. On ne peut ni les vendre ni les enlever, sauf ce qui est dit pour les balles d'avoine.

Battage de grains. — Le battage de gros blés (arrière récolte) est fait à frais communs.

Il se fait aussitôt après la récolte.

Bestiaux. — (*Colonie partiaire*). Les frais de conduite des bestiaux aux foires et les droits de péage sont supportés par moitié.

Le fermier ou le colon ne peut employer ses bestiaux hors de la ferme.

Dans la colonie partiaire, la fourniture des bestiaux se fait moitié par le propriétaire, moitié par le colon. En fin de bail, les bestiaux sont partagés entre eux à l'amiable ou par voie de tirage au sort. Les frais de saillie et autres sont supportés par moitié.

Les bestiaux doivent être en quantité et qualité suffisantes pour assurer la bonne exploitation du lieu et répondre du fermage.

Dans la colonie partiaire, le nombre des bestiaux n'est pas déterminé.

Lorsque des bestiaux d'une colonie partiaire sont vendus, la part du propriétaire est payée à son domicile par le colon.

Les animaux pour la reproduction (mâles et femelles) sont choisis par le propriétaire (colonie partiaire).

Le sevrage des veaux se fait à 6 semaines.

Bois de chauffage. — Il n'est pas dû par le propriétaire au fermier.

Bois taillable. — Le bois des haies joignant les prés doit se couper à 4 ans.

Le bois des haies joignant les vignes se coupe également à 4 ans, ainsi que le bois des haies joignant cours et jardins.

Même âge pour la coupe du bois des haies sur le bord des ruisseaux et des rivières.

Le bois des haies plantées d'ajoncs ou de genêts se coupe à 3 ans.

La coupe des haies mitoyennes se fait au gré de l'un ou de l'autre des propriétaires pourvu que ce ne soit pas avant 4 ans.

La coupe des ronces et épines se fait à 4 ans, pendant l'hiver et ras terre.

Ces ronces et ces épines appartiennent au colon ou fermier, sauf l'obligation d'en employer suffisamment pour l'entretien des clôtures et les garnitures des jeunes plants.

Le fermier peut émonder à son profit les souches de chêne, ormeau, léard, peuplier, aulne, saule, frêne, sapin, érable et bouleau, tous les 7 ans.

Lorsque le fermier fait les coupes, il doit laisser des baliveaux. Leur nombre n'en est pas déterminé, mais il est obligatoire de conserver tous les sujets de belle venue.

Le coupe peut commencer au 1er novembre. La vidange doit être faite avant le 1er mars.

Le sortant au 1er novembre a la coupe de l'hiver qui précède la sortie. L'entrant a la coupe de l'hiver qui suit.

Le sortant au 1er mai ou à Pâques a la coupe d'hiver qui précède la sortie.

Le fermier n'est pas obligé de consommer sur place la part qui lui est attribuée.

L'écorcement est permis au colon, sur les truisses de chêne, mais avant le 1er juin. Les branches sont immédiatement détachées du tronc.

Les coupes avancées ou retardées sont interdites.

La coupe des bois taillis se fait à 9 ans.

La coupe des bois vendus au stère, et des fagots et bourrées se fait du 1er novembre au 1er mars. La vidange doit être terminée avant le 1er avril.

Dans les taillis, on doit laisser 20 baliveaux par hectare.

Il est permis de faire de l'écorce dans les bois

taillis, mais non du charbon. L'écorce doit se faire avant le 1er juin.

L'introduction des voitures dans les taillis est interdite s'il existe des allées charretières. On doit museler les bêtes de trait.

Il est permis au fermier de prendre les feuilles vertes des ormeaux et des coudriers en se conformant aux règles de l'érussage.

Le bois mort des taillis se coupe à volonté.

On peut faire paître les chevaux dans les taillis, mais seulement dans les coupes âgées de 3 ans et d'une poussée de printemps.

Bornage. [— Le bornage se fait par le juge de paix ou à l'amiable par les parties.

Boucs et chèvres. — On tolère une ou deux chèvres, mais non les boucs.

Bruyères. — La coupe des bruyères a lieu à 3 ou 4 ans. Elles servent comme litières ou comme engrais.

L'enlèvement et la vente des bruyères sont interdits.

Le sortant peut user des bruyères jusqu'à sa sortie.

C

Cendres. — Le fermier peut disposer des cendres comme il l'entend, quelle que soit la provenance du bois. Toutefois les cendres provenant de l'écobuage restent sur les lieux.

Chaintres. — La culture des chaintres est obligatoire.

Chambres garnies. — Les chambres garnies sont louées au mois ou à l'année.

Le locataire qui quitte une chambre doit souffrir qu'on la visite pendant tout le mois qui précède son départ, mais seulement pendant les heures qu'il fixera lui-même.

Chanvre. — Le fermier sortant doit employer les égrettes à faire des litières ou comme engrais sur le lieu. Il a aussi la faculté de les brûler.

Le broyage du chanvre se fait, obligatoirement, sur les lieux.

Charrées. — Elles appartiennent à la ferme et doivent y rester.

Charrois. — Le fermier doit conduire à pied d'œuvre tous les matériaux nécessaires aux réparations, même simples et aux réfections, et cela sans qu'il soit besoin de stipulation.

Chaumes. — La hauteur du chaume varie entre 30 et 40 centimètres. L'entrant coupe les chaumes 20 jours au plus tard après l'enlèvement du blé.

Chaux. — (Colonie partiaire). Le paiement de la chaux a lieu comme suit : deux tiers par le propriétaire, un tiers par le colon qui, en outre, fait le charroi.

Chevaux. — Les chevaux, loués à la journée, doivent être rendus avant minuit. Après cette heure, il est dû au maître un supplément de prix.

Cette règle ne s'applique pas aux chevaux employés aux travaux agricoles ; ceux-ci doivent être rendus à la chute du jour.

Chiendent. — La destruction du chiendent est obligatoire sous peine de dommages-intérêts.

Choux-verts. — Le sortant doit laisser à l'entrant 1 000 choux par 6 hectares de terre.

L'entrant au 1er mai peut planter des choux dès le mois de novembre ou décembre.

Cidre. — (Colonie partiaire). Le colon peut fabriquer du petit cidre.

Citrouilles. — La consommation des citrouilles se fait sur place. Le sortant ne peut ni les vendre ni les enlever.

Les rameaux appartiennent au fermier sortant, mais il doit les faire consommer sur place.

Clos à chanvre. — Au cas où le sortant les ensemence en blé dans la dernière année, la récolte se partage, après prélèvement des semences.

Si le clos est ensemencé en trèfle après grain, le sortant ne doit aucune indemnité à l'entrant.

Closeaux. — Les closeaux sont compris dans l'assolement. On y fait principalement des coupages.

Clôtures. — L'entretien des clôtures est à la charge du fermier ou colon.

Colonie partiaire. — Tous les frais de récolte se partagent, à l'exception des semailles qui sont supportées en entier par le colon.

Tous les fruits naturels et industriels se partagent par moitié, excepté ceux qui se consomment sur place et le bois taillable, réservé en totalité au colon.

Le colon sortant n'a qu'un quart de la dernière récolte, et l'entrant, l'autre quart, le propriétaire conservant sa moitié.

Les frais de nettoyage des grains, de broyage des chanvres et de la récolte des pommes de terre sont supportés par moitié.

Le transport de la part du propriétaire est fait par le colon au domicile du propriétaire. Pour la récolte qui suit la sortie, cette obligation incombe au colon entrant.

Comble. — On entend par comble tout ce qui peut être mis au-dessus des bords d'une mesure sans exagération.

Les noix et l'avoine se mesurent combles.

Congé. Délai pour donner utilement congé. — Le congé doit être donné 4 mois d'avance pour les terres détachées. Pour les autres terres, il n'y a pas de délai déterminé. Pour les maisons d'habitation dont la location est de 50 fr. et au-dessous, 3 mois. Pour une location de plus de 50 fr., 6 mois.

En règle générale, pour calculer les délais des congés, on ne doit pas ajouter au prix de location le montant des contributions payées par le locataire en l'acquit du propriétaire.

Contributions. — Les contributions foncières, autres que celles des portes et fenêtres, sont à la charge du fermier, à moins de convention contraire.

Dans la colonie partiaire, elles sont payées par moitié.

Lorsque le fermier est exceptionnellement chargé du payement des contributions, ces dernières se payent comme suit : Le sortant au 1er novembre doit les contributions jusqu'au 31 décembre suivant inclusivement. Le sortant au 1er mai doit le tiers de l'impôt foncier.

Coupages. — L'entrant peut semer ses trèfles de saison dès le printemps; à l'automne qui précède l'entrée, il a le droit de semer le roussillon et les vesces. Le sortant n'est autorisé à faire pacager que dans les trèfles, après l'enlèvement de la récolte.

Cour commune. — On peut y laisser séjourner les porcs, pendant le nettoyage de leur toit, pourvu que la porte de ce toit donne immédiatement sur la cour.

On peut y laisser séjourner des formes à fumier, pourvu qu'elles n'obstruent pas le passage et qu'elles ne soient pas insalubres.

On peut battre le blé dans la cour commune, s'il n'y a pas d'autre aire.

Les dépôts permanents sont interdits, sauf le cas de nécessité.

Cours d'eaux. — Le curage des cours d'eaux se fait suivant les arrêtés administratifs. Chaque riverain fait le travail de son côté.

Les frais de curage sont, de plein droit, à la

charge du fermier, sans aucun recours contre le propriétaire.

Les boues appartiennent aux riverains et servent comme engrais.

Cribleur. — (Colonie partiaire.) Le paiement des salaires du cribleur est fait par moitié, par le propriétaire et le colon, soit en nature, soit avec des céréales prises sur le monceau commun.

D

Deuil. — Les vêtements de deuil, dès qu'ils sont donnés, deviennent, quoi qu'il arrive, la propriété absolue des domestiques.

Domestiques. (Désistement). — Lorsque le désistement a lieu au cours du louage, l'indemnité, de part ou d'autre, est du tiers des gages restant à courir.

La durée du louage est, én général, d'un an à compter du 24 juin.

Le contrat n'est définitivement arrêté que lorsque le domestique a reçu du maître des arrhes ou denier-à-Dieu. Jusque-là, chacune des parties est parfaitement libre de ne donner aucune suite au projet.

L'entrée chez le maître a lieu le lendemain du jour où commence l'engagement.

Dans le cas où le maître est obligé de faire remplacer le domestique par un homme de journée, le domestique lui doit compte de toute la dépense.

A sa cessation d'exploitation au cours de louage, le maître, s'il met le domestique à même d'entrer chez ses successeurs, ne lui doit aucune indemnité.

Le décès du maître ne rompt pas le louage.

Le maître doit le blanchissage, mais seulement quand il fait la lessive.

Le maître n'est pas tenu de faire raccommoder ni de faire repasser le linge de ses domestiques.

On accorde aux servantes les veillées d'hiver pour raccommoder leurs effets; mais les frais d'éclairage sont à leur charge.

Le nouveau maître n'est tenu à rien envers l'ancien.

Les gages sont payés à l'expiration de l'année du louage.

Ils se payent au domestique lui-même ou à son fondé de pouvoir

Les gages des mineurs se payent conformément au règles du titre X, livre 1er, du Code civil.

Dans le cas où le maître a fait des avances pour un domestique mineur, il doit lui en être tenu compte par ceux qui touchent les gages.

Les domestiques doivent tout leur temps au maître. Les dimanches et fêtes gardées, il doivent vaquer aux soins des bestiaux et du ménage et faire tous les travaux urgents.

Les règles qui concernent les ouvriers des usines ne sont pas tout à fait semblables à celles qui régissent les domestiques ruraux.

Toutefois, en cas d'engagement rompu, pouvant causer préjudice, une indemnité serait due par la partie reconnue en défaut.

Les domestiques qui se louent pour le temps de

la moisson sont considérés comme journaliers, et les règles qui s'appliquent aux domestiques attachés à la culture ne les concernent pas.

Les bergers, les pâtres et les pâtours sont ordinairement des enfants. Les règles concernant les domestiques attachés à la culture leur sont applicables.

Domestiques (attachés à la personne). — Pour ces domestiques, qu'on pourrait appeler domestiques personnels, en cas de résiliation avant l'exécution du louage, la règle suivante est observée : Si le domestique a reçu des arrhes et que le maître résilie, il les perd ; si la résiliation vient du domestique, il les rend doubles.

En cas de résiliation au cours du louage, en principe aucune indemnité n'est due de part et d'autre. Le domestique n'est payé que proportionnellement à la durée de ses services.

E

Échenillage. — L'échenillage est, même sans stipulation spéciale, à la charge du fermier qui doit l'exécuter toutes les fois qu'il est ordonné par l'autorité administrative.

Écobuage. — L'écobuage est interdit aux fermiers.

Écuries et étables. — Pour l'établissement des écuries et étables il faut établir entre l'écurie ou l'étable un contre-mur garantissant le voisin de tout dommage.

Les mangeoires et râteliers, généralement, sont censés appartenir au propriétaire comme immeubles par destination. Cependant, quand on peut les détacher sans rien détériorer, on les laisse au fermier.

Le nettoiement des écuries et des étables est à la charge du sortant, jusqu'au jour de la sortie.

Élagage. — L'élagage n'est à la charge du fermier que pour les haies et pour les arbres qui se taillent périodiquement et dont les émondes lui appartiennent.

Pour les arbres à haute tige non taillables et pour les fruitiers, l'élagage est à la charge du propriétaire.

Engrais. — En règle générale, tous les engrais qui sont faits sur la ferme doivent y être employés. Le fermier ne peut ni les vendre ni les enlever à sa sortie.

En retour, et sans stipulation contraire, il n'est pas tenu d'en acheter.

Les fumiers d'étables sont employés pour les gros grains.

Le sortant peut prendre tous les engrais lors des semailles ; à partir de cette époque il les met en réserve ; il ne doit ensemencer que l'étendue qu'il peut fumer à raison de 14 mètres cubes de fumier et autres engrais par hectare de terre.

La fumure des terres volantes doit être de 3 mètres cubes de fumier par 66 ares.

Qu'il s'agisse de terres volantes ou de lieux

composés, on ne doit faire, sur le même fumier, plus de deux récoltes en grains qui arrivent à maturité.

En cas d'indemnité due à raison de la fumure, elle est réglée par expert, à la visite et montrée.

Dans la colonie partiaire, les engrais non produits sur le lieu, autres que la chaux, sont payés comme suit : moitié par le propriétaire, moitié par le colon, qui, en outre, les transporte avec les harnais du lieu.

Ensemencement. — Le sortant au 1ᵉʳ novembre doit faire l'ensemencement des gros blés la dernière année.

Si la jouissance finit en mars, à Pâques ou au 1ᵉʳ mai, l'ensemencement est toujours fait par le sortant.

Dans la dernière année, l'ensemencement des gros blés doit se faire du 15 octobre au 15 novembre.

L'entrant au 1ᵉʳ mai ensemence les mêmes grains, à moins que le sortant ne l'ait pas fait à son entrée. Il va de soi que le sortant au 1ᵉʳ novembre ne doit pas les ensemencer; c'est l'entrant à cette époque qui doit faire les menus grains au printemps suivant.

L'ensemencement des menus grains a lieu du 1ᵉʳ mars au 15 avril.

Erussage. — Les feuilles érussées sont destinées à la nourriture des bestiaux et ne peuvent être vendues.

L'érussage est permis pour l'orme seulement, et ce droit est dans tous les cas incessible.

L'érussage a lieu à l'automne.

L'érussage doit se faire à la main et sans aucun instrument. On doit laisser la pointe de chaque branche intacte et garnie de ses feuilles et ne pas briser les branches

F

Faisances. — Les faisances doivent être livrées par le fermier au domicile du propriétaire.

Elles doivent être aquittées chaque année et ne peuvent être reportées d'une année sur l'autre.

Ferme. — On appelle ainsi toute exploitation faite avec des bœufs.

Filasse. — Lorsqu'on a donné de la filasse à filer, la personne qui l'a reçue doit rendre la quantité de fil ci-après déterminée :

Un dixième en moins du poids primitif.

Foins. — Le sortant au 1er mai laisse un sixième des foins. Le sortant au 1er novembre, les deux tiers.

Le fauchage, le fanage et l'enlèvement des foins doivent être faits dans le courant de juillet.

Les foins étant partagés entre le sortant et l'entrant, il y a lieu à une répartition des frais de fauchage et de fanage. Le sortant supporte un tiers des frais, l'entrant les deux autres tiers. Mais si ce dernier ensemence les gros blés, comme il a droit à tous les foins, il supporte tous les frais.

Quant au transport des foins à la ferme et à la mise en meule, le sortant y contribue pour un tiers, l'entrant pour les deux autres tiers.

La graine de foin tombée dans les greniers appartient à l'entrant, qui doit l'employer sur la ferme.

Forge. — Lors d'une construction d'une forge près d'un mur mitoyen, il faut laisser un contre-mur de 0^{m}16 et un espace vide de 0^{m}15 à 0^{m}20.

Fosse à fumier. — Lorsqu'on établit une fosse à fumier près d'un mur, mitoyen ou non, le contre-mur doit avoir 0^{m}24 d'épaisseur, descendre à la profondeur des fondations du mur et s'élever jusqu'au sommet du tas de fumier.

Fossés. — Les fossés de clôture n'ont pas de largeur déterminée ; le relit du côté du voisin est toujours de 0^{m}16.

La jouissance du relit est réservée au propriétaire du fossé. Mais, pour en jouir, il n'a pas droit de passer sur la propriété du voisin.

Le droit de clôture à l'extrémité du fossé du voisin n'existe pas.

Les fossés sont réparés à chaque coupe de haie et aussi souvent que besoin en est.

Fosses d'aisance. — Pour établir une fosse d'aisance près d'un mur, mitoyen ou non, il faut un contre-mur de 0^{m}33. Près d'un puits ou d'une autre fosse, il faut, outre le contre-mur, une distance de 2 mètres.

Dans le canton du Lude, on établit souvent des contre-murs d'un mètre d'épaisseur, et on fait paver le fond à mortier.

Fourmilières. — La destruction des fourmilières est obligatoire dans les prés seulement.

Fourrages. — Le sortant ne peut emporter les fourrages qu'il n'a pu faire consommer en nature.

Fours. — Lorsqu'on construit un four près d'un mur mitoyen ou non, le contre-mur doit être de 0^m16 d'épaisseur.

Les cendres provenant du chauffage du four appartiennent à celui qui a fourni le bois. (Four commun.)

Fruits. — Lorsque les branches des arbres fruitiers s'étendent sur la propriété du voisin, les fruits appartiennent exclusivement au propriétaire de l'arbre. S'ils tombent sur la propriété du voisin et qu'ils y causent du dommage, le propriétaire de l'arbre est responsable.

Dans le cas où les arbres fruitiers se trouveraient plantés dans des récoltes qui se partagent, ils sont partagés par moitié entre l'entrant et le sortant.

Les cidres doivent être faits sur la ferme ; le fermier ne peut donc disposer des fruits à cidre.

G

Glanage, grapillage. — Un arrêté préfectoral du 1er juillet 1847 règle l'exercice de ces droits dans le département de la Sarthe.

H

Haies sèches. — Les haies sèches établies sur la ligne même de séparation de deux héritages sont mitoyennes.

Haies vives. — La haie appartient en entier au propriétaire du terrain du côté duquel elle se trouve, quand il y a haie et fossé.

Les haies sans fossés sont réputées mutuelles.

Les haies avec deux fossés sont censées mitoyennes.

Les haies mitoyennes ont 0^m33 de largeur.

Les haies mitoyennes ou non ont 1^m50 de hauteur.

Les talus des haies mitoyennes ou non doivent être réparés à chaque coupe, et plus souvent si besoin est.

Lorsqu'un héritage est borné par un talus sans fossé, on présume que celui à qui appartient le talus s'est retiré d'une certaine distance : cependant il se borne à reprendre les terres tombées sans pouvoir creuser le terrain.

Hannetonage. — Le hannetonage, lorsqu'il est prescrit par l'autorité administrative, est, de plein droit, à la charge du fermier.

J

Jardins. — Le sortant au 1er mai ou à Pâques doit permettre à son successeur de semer ou planter ses légumes, avant son entrée, dans les parties disponibles du jardin, et cela dès le 1er mars.

L'entrant doit trouver un tiers du jardin en légumes et les deux autres tiers libres.

Le fermier ou le locataire non jardinier peut enlever les arbustes, fleurs et plantes, plantés ou semés par lui.

L

Labours. — Si le sortant sème les gros grains, il fait les labours. L'entrant au 1er mai, qui sème les menus grains, va se préparer les terres dès le 1er novembre.

Logement. — Le sortant au 1er mai doit à son successeur, lors des labours préparatoires des menus grains, une place dans les écuries pour loger les bestiaux. La grange et la clef restent à la disposition de celui à qui appartiennent les gerbes.

Loges. — Elles sont réputées appartenir au propriétaire.

M

Maison d'habitation, — Lorsqu'une maison est louée avec des terres, on la distingue des bordages et des closeries lorsque les terres ne sont pas soumises à l'assolement,

Marc. — Le marc de pommes et de poires doit rester sur les lieux. Le fermier peut disposer de celui du raisin.

Maréchal. — (Colonie partiaire.) Les mémoires du maréchal sont payés par moitié, sauf convention contraire.

Mare. — On doit laisser entre la mare que l'on veut creuser et le terrain du voisin un intervalle de 2 mètres.

Marnage. — Le marnage est autorisé, sans convention expresse.
La quantité de marne n'est pas déterminée ; cela dépend de la nature du sol et de la qualité de la marne.

Matières corrosives. — Lorsque l'on veut établir un magasin contenant des matières corrosives, il faut construire un contre-mur qui doit être d'une hauteur et d'une épaisseur suffisantes pour protéger le voisin.

Mesurage. — Les frais de mesurage sont à la charge du vendeur.
Ils sont à la charge du sortant pour les produits partagés avec le fermier entrant.
Dans la colonie partiaire, ils sont à la charge du colon pour les produits partagés avec le propriétaire.

Mitoyenneté des arbres. — L'arbre est mitoyen dès que le pied touche la ligne séparative de la propriété contiguë.

Mobilier. — Le mobilier des fermiers doit toujours avoir une importance suffisante pour assurer la bonne exploitation et garantir les droits du propriétaire.

Moutons. — Le pacage des moutons est permis, sans stipulation spéciale, dans les bois taillis.

Le pacage des prairies artificielles du dernier printemps est interdit au sortant jusqu'au 1er novembre si le bail prend fin à cette date, et jusqu'au 2 février pour le sortant au 1er mai.

Le pacage des prairies naturelles est autorisé jusqu'au 1er janvier.

Le pacage des chaumes est interdit la dernière année du bail.

O

Oies. — La dernière année du bail, si le propriétaire n'en a pas donné l'autorisation, on ne peut faire pacager les oies dans les jeunes trèfles, sainfoins et luzernes. .

Osiers. — La dernière année de bail, le sortant peut couper les osiers, sauf le cas où il en a trouvé en entrant.

Ouvriers-journaliers. — Le journalier qui a perdu quelques journées subit une retenue proportionnelle à l'expiration du temps pour lequel il a loué ses services.

P

Pacage. — Le sortant au 1ᵉʳ novembre, pendant qu'il fait les semailles, a droit aux regains, aux trèfles, aux sainfoins et non aux luzernes.

Il peut, en outre, faire paître les terres labourables jusqu'aux labours, et les champs occupés par les chaumes lorsqu'ils sont coupés.

Les prairies non closes (prairies communes) sont soumises au pacage du 8 septembre au 1ᵉʳ mars. La quantité des bestiaux conduits par chaque propriétaire est déterminée par des règlements particuliers.

Pailles. — Le sortant au 1ᵉʳ novembre laisse à son successeur toutes les pailles de la dernière récolte qui précède la sortie et celles de la récolte qui suit.

Le sortant au 1ᵉʳ mai laisse un sixième des pailles de la récolte faite avant la sortie et la totalité de celle qui suit.

Le sortant embarge ou engrange les pailles de la récolte qui précède la sortie. C'est l'entrant qui a cette charge pour celles de la récolte qui suit.

Palis. — Ils doivent avoir 1ᵐ50 de hauteur.

Partage de grains. — Le fermier qui a semé les grains avant son départ (sans considérer la date de sortie) vient en faire la récolte, qu'il partage après avoir prélevé les semences.

Passage. — La largeur pour les droits de passage est : 3 mètres pour les voitures, 1 mètre pour gens de pied ou bestiaux.

La largeur des autres passages est déterminée par des titres.

Pépinières. — Le fermier peut planter des pépiniéres sans le consentement du propriétaire, mais seulement pour les besoins de la ferme et du bordage.

Pesage. — Les frais de pesage sont à la charge du vendeur.

Plantation d'arbres. — Le propriétaire ne peut planter que sur les fossés et non sur les terres affermées.

Le fermier peut planter et greffer des arbres sans le consentement du propriétaire, mais sur les fossés seulement.

Plantes parasites. — Elles doivent être détruites avant la maturité des graines.

Plantes printanières. — Le sortant au 1er novembre ou au 1er mai peut enlever navets, betteraves, carottes et pommes de terre. La citrouille se consomme sur place.

Plâtrage. — Le plâtrage est autorisé, pour fumer les plantes fourragères, sans le consentement du propriétaire ; mais il faut le consentement de ce dernier pour l'employer sur les terres labourables.

Pommes de terre. — Le sortant peut enlever les pommes de terre qu'il a cueillies.

Le fermier des terres détachées ne peut faire de pommes de terre la dernière année.

Les fanes et rameaux sont à la disposition absolue du fermier qui a semé.

Prairies artificielles. — L'entrant au 1ᵉʳ novembre sème des graines fourragères dans le tiers des jachères, et du trèfle ordinaire dans les gros blés.

Le sortant au 1ᵉʳ mai ne peut rien prétendre sur les plantes fourragères qui ont été semées par son successeur.

Dans l'année qui précède la sortie, le sortant peut consommer le produit de toutes les prairies artificielles.

Dans la dernière année, le sortant ne peut laisser venir de trèfle à graine.

Prairies et prés naturels. — Le sortant doit souffrir que l'entrant fasse, avant son entrée en jouissance, tous les travaux d'amélioration qu'il lui conviendra d'entreprendre, et cela à partir du 1ᵉʳ mars.

Le fermier doit curer les sangsues et rigoles avant le 1ᵉʳ mars.

Il est obligé d'épiner et d'étaupiner les prairies, abaisser les buttes, détruire les fourmilières, afin que les prairies soient toujours à faulx courante.

Le fermier est tenu à étendre dans les prés et prairies les terreaux des cours.

Pressoir. — Le sortant au 1ᵉʳ novembre peut se servir du pressoir, mais jusqu'à sa sortie seulement.

Prestations en nature. — Elles sont à la charge du sortant pour toute l'année de sortie.

Dans sa session du mois d'août 1886, le Conseil général de la Sarthe a fixé le tarif du rachat des prestations pour 1887 comme suit :

Journée d'homme.............	1 fr.	60
— de cheval ou mulet....	2 fr.	80
— de bœuf.............	1 fr.	40
— d'âne	0 fr.	50
— de voiture...........	1 fr.	50
— de voiture à âne.......	1 fr.	» »

Puits. — Entre un puits et un mur mitoyen ou non il faut un contre-mur de 0^m 33 d'épaisseur; si le puits est creusé près d'un autre ou d'une fosse d'aisances, le contre-mur doit avoir 60 centimètres.

La corde des puits est fournie et entretenue par les fermiers et les locataires. Ils peuvent l'enlever à leur sortie. Il en est de même pour la chaîne et la main de fer.

Si le puits est commun, ces différents objets sont entretenus par les ayants-droit.

R

Récolte. — Les frais de la récolte sont partagés par moitié entre l'entrant et le sortant, quelle que soit l'époque de rentrée. Les gerbes sont charroyées par l'entrant.

Regains. — Le sortant au 1er novembre peut les couper ou les faire pacager s'il ensemence les blés;

sinon il n'en prend que la moitié. Il n'a même auucun droit, s'il ne sème pas.

Réparations locatives. — Le fermier ou locataire doit le rechargement des greniers ; l'enduit des étables à 1 mètre de hauteur ; le nivellement des cours, granges, écuries et appartements non pavés ; le blanchissage à la chaux des planchers et murailles ; le pavage intérieur et extérieur des fourneaux de cuisine et autres, fournis par le propriétaire ; le scellement des réchauds et leur remplacement quand ils sont cassés ou brûlés ; le récrépîment à toute hauteur de la partie de la cuisine où se met le bois ; le ramonnage des cheminées ; il doit réparer l'aire et l'ouverture des fours ; les mangeoires des écuries ; les pavés des mangeoires et les barreaux des râteliers ; les auges de pierre cassées ou écornées ; les barrières ; le piston, la tringle et le balancier des pompes ; les tournants et travaillants des moulins ; les vans et ustensiles apportés par le propriétaire.

Aucune réparation n'est à la charge du fermier lorsqu'elle n'est occasionnée que par vétusté.

S

Sainfoin. — Les sainfoins sont assimilés aux foins.

Le fermier peut disposer d'une portion de terre labourable pour y ensemenser un sainfoin permanent, sauf à rétablir l'assolement avant sa sortie. Cependant cette faculté ne lui est guère accordée que lorsqu'il a trouvé cette portion de terre en sainfoin à son entrée.

Sapinières. — L'éclaircissement est fait par le propriétaire à 5 ou 6 ans. L'émondage est fait par le fermier à 8 ans ; il garde les émondes et laisse à chaque sapin 4 couronnes et le bouquet. Les coupes se font l'hiver, une fois par quatre années. Les feuilles de sapin servent de litière et ne peuvent être vendues. Les bruyères sont considérées comme engrais. Le pacage n'est permis que dans les sapinières de 10 ans.

Les sapinières louées peuvent être abattues par le propriétaire au cours du bail, sans convention expresse.

Sarclage. — Le sortant au 1er novembre sarcle les blés qu'il doit partager avec son successeur. Ce travail doit être fait avant la floraison. Au printemps, le fermier doit arracher les herbes qui poussent dans les pommes de terre, maïs, etc.

Le sortant au 1er mai ne doit pas le sarclage des blés.

Semences. — Les grains destinés à la semence sont choisis, sur le lieu, parmi les meilleurs et fournis par le fermier qui doit faire l'ensemencement.

L'entrant a le droit de contrôler la quantité de semence mise.

Les grains pour semence sont mesurés ras le fût ; de même lors du prélèvement.

Le sortant doit prélever de 9 à 11 doubles-décalitres par hectare.

Sortie des fermiers ou locataires. — Les clefs doivent être remises au propriétaire le soir du dernier jour de la jouissance.

Souches. — Elles sont considérées comme arbres de haute tige lorsqu'elles s'élèvent à plus de 2 mètres du sol.

T

Taupier. — (Colonie partiaire). Les salaires du taupier sont payés par moitié.

Taupinières. — La destruction des taupinières est obligatoire dans les champs et jardins.

Terres détachées ou volantes. — Le fermier ne peut joindre de terres détachées à son exploitation sans le consentement exprès du propriétaire de la ferme.

Les pailles des terres détachées appartiennent à la ferme ou au bordage qui a fourni les engrais.

Toute pièce de terre détachée, s'il n'y a preuve contraire, est présumée avoir été prise sans paille ni engrais.

Les terres détachées ne sont pas soumises à l'assolement.

Le fermier est obligé de les fumer pour y ensemencer les gros blés.

Il suit les règles générales pour la coupe des bois et la réparation des haies et fossés.

Le fermier ne paie pas les contributions des terres volantes, à moins de conventions expresses.

Tonneaux. — Les tonneaux restent la propriété de l'acheteur.

Tour d'échelle. — Le tour d'échelle, étant une servitude discontinue, ne peut plus être établi que par titre.

Si la servitude du tour d'échelle n'existe pas, le voisin est tenu néanmoins de supporter le passage des ouvriers et matériaux, mais il lui est dû une indemnité.

La largeur du tour d'échelle est de 1ᵐ33 et du double de la saillie des carreaux.

Trèfles. — Le sortant n'est tenu de laisser de trèfle sec que s'il en a trouvé à son entrée.

Les trèfles des terres détachées appartiennent à la ferme ou bordage qui a fourni les engrais et doivent y être amenés.

U

Usufruitiers. — L'usufruitier d'un bois doit se conformer au mode d'aménagement suivi.

Quand il s'agit d'une pépinière, l'usufruitier doit la remplacer par une autre de même étendue et de même nature d'arbres ; mais, autant que possible, dans un terrain propice.

V

Vaine pâture. — Ce droit n'existe pas.

Vente de denrées. — On doit donner en sus du nombre exprimé, 8 kil. pour cent, pour la graine de trèfle ; pour les autres denrées la quantité varie de 4 à 8 kil. pour cent.

Les boissons, le vinaigre, les huiles à manger, le beurre, le fromage, le sucre, le miel, le saindoux, se goûtent avant l'achat.

Vente en foire. — La corde dont on se sert pour conduire les bestiaux aux foires est comprise dans la vente. Cependant le vendeur n'est pas tenu de laisser la corde qui a servi à tenir des porcs.

Le vendeur doit le licol que portaient les chevaux, ânes ou mulets ou payer 0 fr. 75.

Le joug des bœufs et les courroies qui servent à l'attacher restent au vendeur.

On essaie les chevaux, ânes et mulets ; l'acheteur n'est engagé qu'après avoir essayé l'animal. Jusque-là, il peut en débattre le prix.

Vétérinaires. — (Colonie partiaire). Les salaires des vétérinaires sont payés par moitié ou bien ils se prélèvent sur le monceau commun avant le partage.

Vigne. — Le fermier qui récolte est chargé des travaux. Le labourage au pic se fait en mai ou juin, l'émottage, fin juin. La taille à court bois, à trois boutons, dont un stérile, se fait en mars. Le fermier qui récolte fournit les gaulettes, les échalas et les pieux-pichons.

Le nombre des provins doit être de 150 par hectare ; seuls ils sont fumés.

Les raizes ou rigoles sont nettoyées au béchage.

Le fermier est maître de la récolte.

Les fermiers et locataires sont tenus de tailler les cordons de vignes des treilles et des tonnelles.

Visite et montrée. — La visite est faite à frais communs, sauf le cas de dommages, où elle incombe au fermier qui les a causés. Si le propriétaire l'a seul requise et qu'il n'y ait pas de dommage, elle se fait à frais communs. Elle a lieu dans l'année : passé ce délai, il y a prescription

Si des visites sont faites au cours du bail à la réquisition du propriétaire, elles sont à la charge de la partie qui succombe.

Voitures. — Les voitures s'essayent avant l'achat.

Le locataire d'une voiture doit la rendre avant minuit, sinon il paie un supplément.

Volailles. — (Colonie partiaire). Elles sont comprises dans le partage.

TABLE DES MATIÈRES

Angers, imp. Germain et G. Grassin. — 1725-86.

DU MÊME AUTEUR

Vive la France ! (nouvelles patriotiques), 1 vol.
in-18.. **2 fr**

Les Usages Ruraux du canton de La Flèche. **1 fr.**

Les Usages Ruraux du canton du Mayet.... **» 50**

Les Usages Ruraux et Urbains des 3 cantons
d'Angers, chaque canton...................... **» 50**

POUR PARAITRE PROCHAINEMENT

EN PRÉPARATION

Les Usages Ruraux du canton de Pontvallain.

Les Usages Ruraux du canton de Malicorne.

Les Usages Ruraux du canton de Château-du-Loir.